DOCUMENT
POUR
L'HISTOIRE DE FRANCE,
OU
CONDUITE DES DÉPUTÉS
DURANT LE RÈGNE DU PEUPLE,

LES 26, 27, 28, 29 ET 30 JUILLET 1830;

SUIVI

DU PROGRAMME DE L'HOTEL-DE-VILLE.

Par M. Armand Marrast.

PARIS.

ROUANET, LIBRAIRE-ÉDITEUR,

RUE VERDELET, N° 6, PRÈS DE LA POSTE AUX LETTRES.

1831.

AUX ÉLECTEURS.

Ce n'est pas d'un vote plus ou moins patriotique de la part des prochains colléges que dépendra sans doute le sort de la France.

Grande et forte comme elle l'est, éclairée aujourd'hui dans toutes les classes, pleine de noblesse et d'énergie dans celles qui ne prennent aucune part aux affaires politiques, la nation française ayant pour elle le temps, son intelligence et son courage, fera toujours ses propres destinées.

Mais les électeurs peuvent décider si ce progrès se fera lentement ou si nous serons encore dans ce malaise qui amène les troubles et prépare de nouvelles secousses.

Un fait incontestable, c'est que les hommes du pouvoir marchent depuis dix mois dans un sens contraire à la révolution; il est clair qu'ils en repoussent les principes, qu'ils voudraient en arrêter les développemens. Mais il faut prouver aujourd'hui que cette révolution s'est faite *malgré eux*, qu'ils n'ont voulu le mouvement de Paris que comme *un changement de système*, sous l'empire de la restauration, avec ses principes, avec sa charte *octroyée*, sans autre modification qu'une espèce d'*erratum* à l'article 14.

La preuve ressortira du récit exact que nous allons faire des diverses réunions des députés pendant les trois jours.

Ce document est historique. Après l'avoir rédigé d'après des notes authentiques prises par plus d'un témoin des diverses circonstances que nous relatons, nous l'avons soumis à d'autres personnes parfaitement informées, et elles nous ont certifié la vérité des faits qu'il contient. Si donc, il nous arrivait des démentis, nous pourrions invoquer des témoignages.

DOCUMENT

POUR

L'HISTOIRE DE FRANCE.

26 JUILLET 1830.

Le premier effet que produisirent les ordonnances fut une morne stupeur. Bientôt à la surprise succéda la colère et l'indignation. La première explosion devait naturellement partir des intérêts les plus immédiatement menacés, ceux des journalistes; car eux n'avaient que peu d'instans à délibérer. L'ordonnance qui les frappait était exécutoire le jour même; chacun des imprimeurs avait reçu une lettre du préfet de police qui annonçait pour le lendemain les mesures les plus violentes : Il n'y avait que trois partis à prendre, se *soumettre*, *périr*, ou se *révolter*.

La Quotidienne, la Gazette, *l'Universel*, sollicitèrent l'autorisation de paraître : pour ces journaux, la soumission n'était pas honteuse, car ils soutenaient leurs amis.

Mais le *Journal des Débats* ayant à choisir entre la servitude, la ruine ou l'insurrection, préféra le premier parti.

Entre midi et une heure, les principaux rédacteurs s'étaient assemblés au bureau du *National*.

Les *Débats* ne furent point représentés dans cette réunion, ni dans aucune autre.

Une autre feuille que sa grande publicité rend si puissante, montra dans cette occasion, d'une manière bien malheureuse, combien les intérêts d'une spéculation productive l'emportaient aux yeux de ses *actionnaires* sur les inspirations du patriotisme. Heureusement deux rédacteurs du *Constitutionnel* s'associèrent franchement à leurs collégues. — Les autres journaux de l'opposition furent fidèles à leurs doctrines.

Il y eut pourtant de grandes nuances parmi les rédacteurs, et je n'ai pas besoin, fort heureusement, pour le but que je me propose, de citer les paroles, ni de raconter la bravoure d'un de nos confrères d'alors, devenu depuis fort puissant et fort riche, sous-ministre peu utile au pays, homme d'état bien mince, retombé depuis dans la classe assez commune des hommes d'esprit. — Lui aussi, il se cuirassait de la légalité, et quand ses amis, hommes de cœur, prenaient le fusil, il criait à l'imprudence et il allait faire un tour à la campagne, de peur d'accident. Je n'en aurais pas parlé s'il n'allait pas être encore nommé député, et si M. Perier lui-même ne prêtait pas secours à sa candidature.

On discutait beaucoup à la réunion des journalistes quand M. de Laborde entra. Il présida la réunion ; une députation de jeunes gens de l'école de droit y arriva, et parla de la nécessité de prendre les armes.

M. de Laborde leur répondit : « Messieurs, retournez auprès de vos camarades, dites-leur que vous nous avez trouvés animés des mêmes sentimens que vous, et prêts aux mêmes devoirs. Tâchez de vous réunir ce soir encore en plus grand nombre, vers les dix heures, et nous vous ferons savoir ce que nous aurons résolu. Ce ne sont plus de vaines paroles qu'il faut aujourd'hui, c'est une action forte, unanime et bien dirigée pour qu'elle soit plus puissante. Allez, mes amis, et comptez sur nous..... »

Cependant les journalistes nommèrent trois commissaires pour rédiger une protestation qui serait commune à tous. M. Thiers en fut le rédacteur. On convint en se séparant qu'on ne négligerait aucun moyen pour paraître le lendemain. On résolut de tout faire pour pousser à l'insurrection.

M. de Laborde sort de là pour convoquer chez lui les députés présens à Paris. La convocation fut faite pour sept heures du soir.

A huit heures, une dixaine de députés environ étaient réunis : c'était *MM. de Laborde, Daunou, Marschal, Villemain, J. Lefebvre, Vassal, Bernard, de Schonen, Bavoux.*

M. de Laborde étant chez lui, prend le premier la parole: Il raconte ce qui s'est passé dans la réunion des journalistes ; il parle des dispositions où paraissent être les jeunes gens, et fait sentir la nécessité de rédiger une déclaration énergique en réponse aux ordonnances.

M. Bavoux : Notre conduite en cette circonstance nous a été tracée par nos pères : nous ne devons pas hésiter en face d'un aussi grand attentat envers la liberté ; les moyens ne sont pas nombreux : il n'y en a qu'un, c'est de nous constituer en assemblée nationale. Mandataires du peuple, nous avons à soutenir ses droits et notre honneur. Aujourd'hui, comme il y a quarante ans, il s'agit encore d'*un jeu de paume !...*

M. Daunou : Mon opinion est entièrement conforme à celle de M. Bavoux. Notre mandat doit nous être d'autant plus sacré qu'il s'y attache désormais quelque péril. La nation nous envoyait pour défendre sa liberté ; il s'agit aujourd'hui de la conquérir. Pour cela nous n'avons plus notre force naturelle, la voix libre de la tribune ; mais il nous reste l'*appel au peuple*. Nous serions traîtres à la patrie si nous négligions ce moyen, le seul efficace désormais.

M. de Schonen : C'est vrai! nous sommes députés et nous devons nous montrer fermes dans nos principes. Il faut crier : *Aux armes!* si c'est nécessaire... Quant à moi...

On annonce M. Casimir Perier. —

Alors un moment d'interruption ; on reprend ensuite la discussion, et chacun reconnaît qu'il doit remplir ses devoirs de député...

M. Casimir Perier. Un moment, messieurs... J'entends que vous parlez de *député*... de vous constituer en assemblée nationale, etc. Il faut y prendre garde... ne précipitons rien de peur de tout gâter...

M. Bavoux. Je ne vois pas ce qu'on pourrait gâter encore...

M. Casimir Perier avec impatience. — Permettez donc!.. *Je déclare, quant à moi, que je crois la chambre* BEL ET BIEN DISSOUTE. (Paroles textuelles.)

Plusieurs députés. Oh ! non! non!

M. Casimir Perier. Mais si! mais si! Depuis l'apparition du *Moniteur*, il n'y a plus de députés, que diable ! (Textuel.)

M. Bernard. Croyez-vous que le mandat ait cessé parce qu'il est devenu plus difficile?...

M. Marschal. Je ne comprends pas qu'on puisse dissoudre une chambre avant qu'elle soit constituée...

M. Villemain. Cela est clair, avant d'être dissous, il faut *être*...

M. Casimir Perier vivement.—Bah! tout cela est de la *métaphysique* (textuel). Ce qu'il y a de plus clair que vos argumens, ce sont les faits; c'est une ordonnance qui vous frappe, et qui vous frappe en invoquant un article de la Charte, en s'appuyant sur un droit qu'elle a consacré...

M. Daunou. Mais c'est précisément ce droit que nous contestons...

M. Perier. Vous contestez! vous contestez! c'est fort bien, mais où est le juge entre vous et le pouvoir?

M. Daunou. C'est le peuple, et voilà pourquoi il faut lui prêcher l'insurrection.

M. Perier. Oh ! vous allez bien loin...

M. Bernard Mais l'opinion publique fermente déjà vivement, et il faut espérer que la nation française ne se laissera pas impunément ravir tous ses droits, toutes ses libertés....

M. Perier. Alors je crois que la prudence commande d'*attendre les événemens* sans rien faire de hasardé qui compromette au lieu de servir.

M. de Laborde. Dans ce moment, les journalistes, plusieurs électeurs et quelques patriotes sont réunis au bureau du *National*; il serait important de s'entendre avec eux .....Voulez-vous, messieurs, que quelques uns d'entre nous aillent leur parler de votre part?

Sans doute! sans doute. — MM. de Laborde, de Schonen et Villemain se rendent au bureau du *National*. Ils y sont accueillis avec transport.

En attendant, M. Casimir Perier causait avec ses autres collègues. « Il n'est pas possible, disait-il, que ces ordonnances ne soient pas retirées; vous sentez bien que le développement d'opinion qu'elles vont produire ouvrira enfin les yeux à tous ces gens-là... Soyez sûrs qu'*ils viendront à nous*... C'est au reste dans ce sens qu'il importe de rédiger une déclaration, si toutefois l'on en fait une. »

M. Marschal. Mais vous ne pouvez pas vouloir que nous restions muets et insensibles devant un si grand outrage à tous nos droits. Qui donc les défendra si nous ne donnons l'exemple? Est-il de notre dignité de nous laisser devancer par les journalistes? croyez-vous aussi que notre voix ne soit pas toute puissante sur l'opinion?...

M. Casimir Perier. L'opinion! l'opinion! On y a compté bien souvent: aujourd'hui, elle est accoutumée à s'exprimer par des organes légaux, et il ne faut pas se persuader qu'elle emploie la force, ou bien elle sera vaincue... Voyez ce qui est arrivé pour tous les troubles, et de 1820 et 1821, et pour toutes ces conspirations qui ont avorté, et dernièrement encore en 1827.... S'appuyer sur une résistance de l'opinion armée, c'est s'appuyer sur du vide. — D'ailleurs, l'impression est encore toute fraîche; il faut lui donner le temps de produire son effet, de pénétrer dans les esprits, et voir alors ce qui s'ensuivra.

M. Bavoux. Mais notre déclaration doit surtout aider à produire cet effet... Nous ne devons pas nous laisser conduire par l'opinion: il nous appartient au contraire de la diriger.

En ce moment rentre M. de Laborde et ses collégues... Ils sont très-animés. « Les électeurs et les journalistes sont bien décidés, « disent-ils, à résister avec une vive énergie. Nous leur avons pro- « mis le concours des députés. C'est le cas de faire au plus tôt acte « de présence. Ils assurent qu'un simple mot de nous peut assurer « la victoire du peuple.... »

Ces paroles excitent de la sympathie parmi les députés.....

M. Bernard. Allons, messieurs, il faut répondre à cette confiance. M. Villemain, voulez-vous vous charger de rédiger cette déclaration?

M. Villemain fait un signe affirmatif.

M. Casimir Perier: Mais, messieurs, n'agissons pas si promptement... Voyez le peu que nous sommes. Prendre une telle détermination ce soir, à la hâte, sans avoir consulté les autres députés présens à Paris: n'est-ce pas au moins de la légèreté? Tous vos sentimens sont excellens, honorables; je les comprends, mais il ne faut pas nous laisser emporter à des mouvemens irréfléchis. *Attendons les événemens*... Demain, nous pourrons nous réunir, chez moi; si vous voulez... D'ici là, les ordonnances seront plus connues: nous verrons leur effet sur l'opinion; et nous saurons mieux tout le *parti qu'on peut en tirer pour amener le roi* dans des voies meilleures.

M. Villemain: Dans tous cas, il ne peut pas y avoir grand péril dans un délai de douze heures...Le parti que propose M. Perier me paraît le plus sage...

Plusieurs députés : Eh bien, alors, à demain... Mais il faudrait convoquer tous les autres.

M. Casimir Perier. — Je m'en charge...

On se sépare alors....

M. Perier descend en causant encore... et il dit entre autres choses : « Il ne faut pas agir en enfans... Nous avons là, ajoute-t-il ensuite, en s'adressant à deux de ses collègues, quelques hommes un peu emportés,... ils gâteraient tout, avec cette imitation des temps antiques, et avec leur *jeu de paume*. Il faut mieux conduire tout cela... Demain, chez moi, nous en causerons. »

Cependant, en rentrant chez lui, il donna des ordres pour la convocation. Mais le soir, en apprenant l'irritation populaire, et le lendemain matin surtout, en voyant quelles dispositions manifestaient les jeunes gens et les ouvriers, il réfléchit mûrement et craignit d'avoir trop fait. Aussi plusieurs députés, après avoir été convoqués, reçurent-ils un nouvel avis contraire au premier. — Je n'en citerai qu'un, parce qu'étant au pouvoir aujourd'hui il me démentira si je dis faux : ce fut *M. de Bondy*, le préfet de la Seine.

27 JUILLET 1830.

Depuis la lecture des ordonnances, tous les esprits étaient troublés, la capitale ressentait une vive agitation. Des groupes nombreux s'étaient formés dans la rue Saint-Honoré, sur la place Vendôme, et ils avaient été dissipés par la force. La jeunesse et les ouvriers imprimeurs avaient poussé le premier cri de l'insurrection. Les journalistes, comme ils l'avaient promis la veille, donnèrent eux-mêmes l'exemple de la résistance. Malgré la défense des ordonnances et la surveillance active des commissaires de police, les journaux qui avaient pu se faire imprimer parurent de grand matin le 27. Des jeunes gens les achetaient et les lisaient à haute voix dans le jardin du Palais-Royal et dans les rues voisines. Le peuple attentif s'excitait à conquérir sa liberté par les armes.

Le Journal des Débats avait fait sa soumission.

Il était environ dix heures. Quelques députés se réunirent chez M. de Laborde. M. Laffitte et M. Lafayette étaient absens, on leur envoya des courriers. La réunion fut peu nombreuse, mais animée. Des citoyens non députés s'y mêlaient : on se donna rendez-vous chez M. Casimir Perier, rue Neuve-du-Luxembourg, à deux heures.

Le nom de M. Perier étonna quelques députés : ils savaient que depuis deux ans son opposition avait changé de caractère; on connaissait les égards distingués que Charles X lui avait montrés. Dans leurs relations habituelles ses amis ne déguisaient pas qu'il se croyait appelé au premier ministère *un peu* libéral qui serait formé. Cependant on oublia tout dans ce jour de péril.

Le bruit de la réunion des députés se répandit parmi les jeunes gens. Ils se transportent dans la rue Neuve-du-Luxembourg ; ils étaient nombreux ; mais du reste sans armes, au moins apparentes.

Vers une heure, deux brigades de gendarmerie entrèrent par les deux bouts dans cette rue, qui n'est traversée par aucune autre. Les gendarmes chargeaient au galop, un assez grand nombre de jeunes gens parvinrent à éviter les chevaux, mais ceux qui se trouvaient vers le milieu du rassemblement, n'ayant d'azile que dans les maisons, voulurent se réfugier dans la cour de M. Perier. Celui-ci, averti par le bruit, les cris, les clameurs de toute espèce, descendit sur-le-champ, et fit fermer impitoyablement ses portes. Dix-huit jeunes gens furent sabrés, blessés, écrasés. On les porta dans un corps-de-garde au ministère des affaires étrangères (1). Les députés, en arrivant chez M. Perier, étaient tous obligés de décliner leurs noms. On ne laissait entrer qu'après ce préliminaire. Bientôt la réunion fut assez nombreuse. La présidence fut donnée à M. Labbey de Pompières, comme doyen d'âge. Voici le tableau fidèle de cette séance :

M. Labbey de Pompières. Messieurs, vous savez dans quelle situation se trouvent aujourd'hui les esprits ; vous connaissez aussi les ordonnances. Je donnerai la parole aux personnes qui la demanderont pour proposer un parti.

M. Dupin aîné. Une première question doit être traitée d'abord. Elle est préjudicielle, elle emporte même toutes les autres. C'est de savoir à quel titre nous sommes ici réunis.

Plusieurs voix. Mais en qualité de députés...

M. Dupin, avec fermeté. C'est précisément ce que je conteste. La Charte est formelle : elle donne en toute occasion au roi le droit de dissoudre : elle ne fait aucune distinction ni d'avant, ni d'après convocation des députés nommés. Ce droit de la puissance royale n'a pas de limite. Or, sans entrer dans la discussion des autres ordonnances, en supposant même leur illégalité démontrée, on ne peut soutenir du moins que celle de la dissolution ne soit parfaitement légale, et ce fait seul nous ôte notre qualité de députés. (Murmures de plusieurs membres.... Allons-donc ! allons-donc !)

M. Dupin, reprenant. Je dis, messieurs, que, comme citoyens, nous avons le droit de nous réunir, d'user de notre influence, de notre crédit auprès de la population, mais nous ne pouvons agir légalement comme députés. Et prenez garde à la gravité de notre position : vous ne savez pas le parti que la calomnie peut en tirer, vous

---

(1) Ce fait était si grave, que M. Perier a voulu s'en faire excuser par le *Temps* dans le mois d'août. Personne alors ne releva ce journal, parce qu'on disait que dans le conseil M. Perier votait avec MM. Laffitte et Dupont. Mais ce que nous affirmons ici est tout-à-fait de l'histoire.

ne savez pas ce quelle peut faire arriver aux *oreilles du prince*... (mouvement de surprise.)

M. MAUGUIN. Je suis peu frappé, je l'avoue, du raisonnement qu'on vient de nous faire. Est-ce bien sérieusement que l'on invoque la légalité? Est-ce pour nous seuls qu'elle serait obligatoire, tandis que le pouvoir la viole à son gré? Les choses n'en sont plus aujourd'hui à discuter tel ou tel point légal : il s'agit de la vie ou de la mort, de la liberté ou de la servitude; du régime constitutionnel ou du régime espagnol.

PLUSIEURS DÉPUTÉS... sans doute.... sans doute.... (Interruption.)

M. SEBASTIANI. Prenons garde, messieurs, ne nous échauffons pas.

MM. DELABORDE, MILLERET, BERTIN DE VAUX ET VILLEMAIN parlent dans le même sens que M. Mauguin. — L'un d'eux propose d'écrire une lettre à Charles X pour lui faire d'humbles représentations.

M. AUDRY DE PUYRAVEAU. Je m'oppose formellement à toute lettre : une protestation me paraît plus digne de nous.

M. SEBASTIANI. La question est fort grave. Je pense que malgré ce qu'on a dit, on peut fort bien soutenir que la qualité de député a été détruite par l'ordonnance de dissolution. Cependant, nous avons été nommés, et nous avons bien le droit au moins d'exposer au roi une pensée respectueuse, soit par le moyen d'une lettre, soit par une demande d'audience à Sa Majesté.

Mouvement en sens divers. — On demande à M. Perier son avis. — M. Perier fait plusieurs signes qui indiquent une grande incertitude.

Dans ce moment M. Perier est appelé. — Il rentre un instant après et paraît vivement agité.

Messieurs, dit-il avec émotion, dans la position difficile où nous nous trouvons placés, la prudence la plus scrupuleuse devrait être notre seule loi, et nous devrions surtout regarder comme un devoir rigoureux de prendre toutes nos résolutions en famille, afin d'éviter toute espèce d'éclat. Cependant, voilà un comité électoral de la ville de Paris, qui demande à être introduit. Qui donc l'a prévenu? Qui a pu engager les électeurs à nous envoyer une députation? Ne voit-on pas toutes les conséquences diune telle démarche? Remarquez dans quelle position on nous place : si nous recevons la députation on le saura aux Tuileries, on s'en irritera peut-être, et qui sait les mesurees qu'on arrêtera contre nous? Si la députation n'est pas reçue, elle se plaindra, elle pourra se répandre au milieu du peuple. et dans l'état d'exaspération où sont les têtes, qui peut répondre... Messieurs, ceci est une surprise fort désagréable...

M. DUPIN. Une députation, messieurs! mais y pensez-vous? Où donc croyez-vous être? Vous vous constituez en assemblée délibérante, vous nommez un président, vous allez recevoir une députation!... Mais...

M. LABBEY DE POMPIÈRES, vivement. Dans ce moment, je croyais que tout le monde comprenait qu'il était question d'autre chose que de vaines formalités; mais puisqu'on attaque la présidence, je ne dois pas la garder plus long-temps.

Il se lève et veut prendre place ailleurs.—Plusieurs députés s'empressent auprès de lui, et le prient de maintenir l'ordre de la discussion...

Après cet incident, plusieurs députés s'écrient : Il faut recevoir la députation...

M. Casimir Perier, haussant les épaules. Comme vous voudrez, messieurs.

La députation est introduite : MM. Boulai de la Meurthe et Mérilhou en font partie. — Ces messieurs exposent que les ordonnances ayant ouvertement violé la Charte, il ne reste plus aux citoyens qu'un seul recours : c'est l'insurrection. Qu'invoquerait-on, en effet, s'écria l'un d'eux. L'ordre légal? Mais la foi fondamentale étant renversée, l'ordre légal n'est plus qu'un mot vide de sens. Déjà plusieurs fabricans de notre arrondissement ont mis leurs ouvriers sur la rue; nous-mêmes nous sommes décidés à entrer, corps et biens, dans le mouvement qui aura pour objet de reconquérir les droits qu'on nous conteste. C'est à vous, messieurs, à penser désormais au salut du pays et à vous montrer dignes de la confiance que nous vous avons témoignée. Il faut surtout en ce moment une main qui dirige.

Profond silence de la part des députés. M. Delaborde prend la main d'un de ces messieurs, et lui dit à voix basse : Très bien! — Une espèce de conversation s'établit entre plusieurs membres...

M. Labbey de Pompières, à la députation. Nous allons délibérer sur ce que vous venez de nous dire. — La députation sort.

Pendant ce temps, une autre députation était arrivée.

M. Perier la reçut tout seul au haut de son escalier : « Que voulez-vous, messieurs?

L'un des jeunes gens. Monsieur, nous venons, au nom d'une association considérable, et nous portant forts pour toute la jeunesse, offrir aux députés une garde qui protégera leurs délibérations partout : nous sommes décidés à prendre les armes...

M. Perier, interrompant. Eh! messieurs, messieurs, y pensez-vous? Voulez-vous donner à vos ennemis le droit de vous accuser d'un tort? Rapportez-vous-en à nous; mais surtout point d'imprudence... Vous ne gagnerez pas votre bataille dans la rue.

Un jeune homme. Eh bien! c'est égal, nous y mourrons!

M. Perier. Vous y mourrez inutilement. Croyez-vous que leurs précautions ne sont pas bien prises? Toutes ces imprudences nous seraient mortelles : ne sortons pas de la *légalité*...

Un jeune homme, avec l'accent de la colère. Vous nous parlez de légalité, monsieur, quand on nous a ravi tous nos droits! de légalité, lorsque nous venons d'être chargés et sabrés à votre porte!...

M. Perier, avec impatience. Enfin, messieurs, vous en rapportez-vous à nous, oui ou non?... Je vais rejoindre mes collègues.

Les jeunes gens, en descendant. Quelle mollesse! quel langage!... Allons, il n'y a pas à compter sur eux... — L'un d'eux. Il faut au moins empêcher leur influence; ils voudraient arrêter tout mouvement : allons répandre qu'ils nous trahissent. — Un autre. Non, cela découragerait trop. Fesons bien les affaires, et ils viendront vite à nous...

La députation des électeurs sortit peu d'heures après, et quelques uns d'entre eux se mêlant aux jeunes gens firent entendre les mêmes plaintes.

Cependant les députés avaient repris leur délibération; MM. Sébastiani, Bertin de Vaux et Villemain insistèrent tour à tour sur cette pensée, qu'il fallait avec soin séparer le prince d'avec ses ministres. Les ordonnances, disaient ces messieurs, sont la dernière conséquence du *système* du 8 août; le roi s'apercevra seulement à quel point l'opinion s'en offense, et il changera de système. Ce doit être là surtout le but de toutes nos résolutions. Ils appuyèrent donc tous l'avis d'écrire une lettre à Charles X; mais on n'alla pas plus loin.

M. Labbey de Pompières. Je vois, messieurs, que nous n'avons plus rien...

M. Perier. Il faudra voir la marche des événemens.

Plusieurs députés. Alors, il faudra nous réunir ce soir... D'autres. Non, demain.... Incertitude, tergiversation.

M. Perier. Dans tous les cas, messieurs, je crois que nous devons cacher le lieu de nos réunions. C'est une occasion de rassemblemens et une cause de malheurs. Ma maison est trop près de deux ministères : je vous prierai donc d'en choisir une autre; car vous sentez....

M. Sébastiani. Oh! oui, surtout si les affaires deviennent plus graves, il ne faut pas....

M. Audry de Puyraveau. Eh bien, messieurs, si vous voulez vous réunir chez moi, ma maison est à votre disposition, et je vous promets même que nous y serons bien gardés.

M. Labbey de pompières. Alors, messieurs, demain à midi, chez M. Audry de Puyraveau.

Les députés sortent avec précaution... un à un, deux à deux : les uns par la grande porte, les autres par des portes de derrière.

M. Persil est abordé par deux ou trois jeunes avocats : « Croyez-« vous, leur dit-il, que ce... Dupin a soutenu mordicus que nous « n'étions plus députés... Aussi, tous ces gens-là sont-ils sans éner-« gie... — Mais qu'a-on décidé? — Eh mon Dieu! rien; qu'on se « réunirait en secret. »

Les jeunes gens ensemble. Allons, il paraît que Persil va bien!

Quelques députés restaient encore réunis chez M. Perier, quand une nouvelle députation d'électeurs y arriva. Ceux-ci avaient en effet résolu de leur envoyer deux ou trois citoyens, toutes les deux heures pour remonter leur courage, et les décider à un acte quelconque de vigueur.

MM. Thiers et Chevalier-Lemore étaient de cette seconde députation.

M. CHEVALIER-LEMORE à M. Perier. Monsieur, le peuple prendra les armes ; tous les électeurs sont décidés à exposer leur tête, s'il le faut ; et pourquoi donc messieurs les députés n'en feraient-ils pas autant?...

M. PERIER. Vous parlez de députés... de députés... ; mais nous ne sommes pas constitués le moins du monde... L'ordonnance nous a dissous.

UN CITOYEN. Mais vous avez des lettres closes qui vous convoquent pour le 3 avril.

M. PERIER. Mais alors, à toute rigueur, il faudrait attendre jusqu'à ce jour. Ce n'est pas tout, messieurs, que de vouloir une révolution, il faut la pouvoir, il faut la faire. Ces gens-là sont forts ; ils ont du canon. Et qu'est-ce que vous avez, vous autres? Vos gants et vos chapeaux. Il est donc tout-à-fait imprudent de rien faire qui nous jette en-dehors de la *légalité*. (Les personnes présentes se récrient.) Le roi, averti par tous ces mouvemens, comprendra dans quelle fausse route on l'a jeté, et vous sentez bien qu'il renverra son ministère et qu'il retirera les ordonnances le jour où il verra qu'on a sérieusement compromis la monarchie. Mais toutes ces émeutes, tous ces rassemblemens sont de la folie. Ne leur donnons pas le prétexte de nous imputer encore de nouveaux torts.

Les électeurs, voyant qu'il était impossible de faire changer M. Perier d'opinion, se retirent en lui disant : Monsieur, si les députés persistent à s'effacer eux-mêmes dans cette circonstance, ils perdront à jamais toute influence et tout crédit.

On se sépara.

28 JUILLET 1830.

Le lendemain, 28, avant midi, la cour et les abords de la maison de M. Audry de Puyraveau étaient remplis de citoyens armés et non armés. — Les députés arrivaient lentement. Plusieurs d'entre eux causaient avant d'entrer avec des personnes qui les excitaient à seconder enfin les mouvemens du peuple. — On s'était battu le mardi soir avec courage. Un très grand nombre de victimes avaient succombé. L'indignation était dans tous les cœurs.

Les députés étaient en assez grand nombre. — Quelques journalistes se trouvant là, demandent à M. Audry de Puyraveau d'entrer dans la salle où l'on allait se consulter. « Je le voudrais bien, ré« pond celui-ci, pour *que vous les chauffiez* un peu ; mais ils ont « déjà refusé... Ils ne veulent admettre personne. » — Cependant les fenêtres restèrent ouvertes, et le lieu de la délibération se trouvait au rez-de-chaussée.

Quand tout le monde eut pris place, on chercha des yeux M. Dupin aîné. Il ne parut point. M. Laffitte et M. Lafayette étaient présens.

M. Mauguin prit la parole. Messieurs, les événemens que vous voulez attendre parlent désormais assez haut. On s'est battu longtemps hier soir; on se bat depuis cinq heures du matin aujourd'hui. Vous entendez d'ici le bruit du canon et de la fusillade; vous avez vu sur votre passage tous les citoyens pleins de colère, prendre les armes et marcher au combat. Le peuple enfin s'est réveillé, messieurs. Il n'est plus question d'hésiter encore : c'est une révolution que nous avons à conduire... (Mouvement... Interruption.... M. Sébastiani et M. Villemain se récrient à la fois....) Oui, messieurs, une révolution! et je crois qu'il faut désormais prendre parti entre le peuple ou la garde royale.

M Charles Dupin, se levant avec précipitation. — Si l'on fait le moindre acte qui sorte de la légalité, je me retire à l'instant même.

M. Sébastiani. Et moi aussi! Nous ne sommes pas ici pour parler bataille, mais pour assurer l'ordre légal...

M. Lafayette, souriant. — J'avoue que je comprends mal sa légalité avec *le Moniteur* d'avant-hier, et les fusillades qui durent depuis deux jours.

M. Guizot. Messieurs, il y a deux choses que je vous demande la permission de vous faire remarquer. L'une, c'est qu'il est extrêmement urgent de ne pas compromettre par la moindre imprudence sortie d'hommes politiques, la situation de bon droit dans laquelle nous sommes placés. L'autre, c'est qu'il n'importe pas moins de faire au plus tôt acte de présence au milieu de la population, non pas comme a dit notre *honorable* collègue en prenant *parti* pour l'un ou pour l'autre, mais au contraire en nous plaçant comme médiateur entre les uns et les autres. Or, pour maintenir uue telle position, il ne faut pas sortir de l'ordre légal. C'est ainsi que nous pourrons montrer au roi à quel point il a été égaré par ses ministres, et arrêter ainsi le mouvement populaire,..

En ce moment, un jeune homme arrive précipitamment dans la maison de M. Audry de Puyraveau Celui-ci sort, et les députés peuvent entendre ces paroles : *l'Hôtel-de-Ville est au peuple!* « Cependant on se bat encore avec acharnement à la Grève. Les « Suisses mitraillent de toutes parts. On a fait un carnage horrible. « De nouveaux régimens arrivaient pour leur porter secours. »

M. Audry de Puyraveau raconte ce qu'on vient de dire, et ajoute qu'après cela sans doute, on ne viendra plus parler de lettre à écrire.

M. Guizot. Il n'est plus question de lettre en effet : c'est une protestation dont je vous apporte un projet...

Plusieurs députés. Voyons, voyons.

M. Guizot lit le projet tel qu'il a été publié dans ces derniers jours par le journal le *Temps*, avec formule de fidélité *au Roi*, etc. Quelques députés, comme MM. Daunou, Lafayette, Mauguin, Audry, Delaborde, trouvent ce projet trop pâle. Ils croient qu'il ne remplira pas le but qu'on se propose.

M. Laffitte. Il faut bien remarquer, messieurs, que l'exigence du peuple s'accroît à mesure qu'il verse son sang. Hier, cette protestation aurait suffi, aujourd'hui je ne sais si on ne la trouvera pas insuffisante...

M. Sebastiani. Il importe peu comment on la trouve, pourvu que nous ne sortions pas de la légalité.

M. Casimir Perier. Messieurs, une chose qui me semble plus pressante que toutes les autres, c'est d'arrêter l'effusion du sang. Car enfin si l'on veut faire des représentations, *traiter*, *négocier*, il faut au moins pouvoir être écouté.... Et vous voyez que Paris est déjà comme un camp. C'est Marmont qui commande la place; ne pourrions-nous donc obtenir de lui une trève en attendant que nous puissions porter au roi *nos doléances?* Je propose qu'une commission de cinq membres soit envoyée au maréchal, de la part des députés présens à Paris....

De toutes parts. Bien...., fort bien....—La commission est nommée : MM. Casimir Perier, Laffitte et Mauguin en font partie.

M. Labbey de Pompières. Eh bien, alors, l'impression de la protestation et l'envoi de la commission au maréchal. — Il n'y a plus rien pour le moment.

M. Sébastiani. Non, sans doute, *il faut voir les événemens*..

M. Lafayette. Oui, mais les choses pressent, et il faudrait prendre une détermination plus importante. Nous délibérons et ne décidons rien.

M. Mauguin. En attendant, on se bat, on tue, on meurt dans tous les coins de la ville.

Plusieurs députés. Ah! c'est bien malheureux!...

M. Audry. C'est horrible!

La séance est levée. On s'ajourne à quatre heures chez M. Bérard, pour entendre le rapport des commissaires envoyés au maréchal.

Au sortir de cette séance, la plupart des députés sont abordés par une foule de citoyens tous animés au dernier point. — On venait de voir passer près de là cinq ou six blessés, et des bruits sinistres se répandaient de tous côtés. « Eh bien! messieurs, qu'avez-vous fait? « vous décidez-vous enfin à soutenir la lutte avec nous?... Quoi! « pas même un mot au peuple! pas une déclaration!... M. Guizot. « Nous venons de faire une protestation.... Elle est envoyée et sera « imprimée probablement demain. — Demain!... Mais d'ici là?.... « Pas un de vous ne voudrait donc parler, encourager les ci- « toyens?... »

Et presque tous s'en allaient sans répondre... quelques-uns en maudissant cette cruelle apathie.

A quatre heures le rendez-vous était chez M. Bérard. — A ce moment l'Hôtel-de-Ville avait été repris par les troupes, mais il était encore disputé de nouveau. Sur d'autres points nous avions été battus, la défiance, la crainte fesaient naître le découragement chez les uns, chez les autres la colère et le désespoir. Les inquiétudes étaient vives, la bataille considérée comme perdue... Aussi la réunion des députés sut-elle beaucoup moins nombreuse.

Les commissaires font leur rapport.

Quelques députés s'indignent de la réponse, et s'écrient : « Messieurs, il n'y a plus à hésiter désormais. — La guerre civile est « commencée. Laisserons-nous écraser cette malheureuse jeunesse « et toute cette population d'ouvriers, sans nous mettre à leur tête, « nous qui leur avons tant de fois prêché la doctrine qu'ils mettent « en œuvre aujourd'hui... »

Profond silence d'abord. Ensuite une singulière conversation s'engage entre ces messieurs... On dit que Paris est en état de siége. — C'est positif... Coucherez-vous chez vous ce soir? —Pourquoi? — On assure qu'il a été question d'enlever quelques députés. — Diable!... Il faudra voir. Paris est grand... Nous nous sauverons toujours. Ces gens là sont bien infâmes.

Un électeur du 6e arrondissement et deux journalistes, M. Audra et M. Barbaroux, sont introduits. — Cette réunion ne ressemblait en rien à celle d'un corps politique qui délibère. Chacun semblait songer à son propre salut... L'abattement était sur tous les visages.

Les deux journalistes apportent la protestation imprimée. Ils avaient pris sur eux de faire disparaître les expressions de dévouement au roi qui mitraillait le peuple...

Mais cette protestation même n'est plus accueillie... On en a peur... Plusieurs députés furent touchés alors du langage des citoyens qui étaient venus à eux. « Nous vous offrons, disaient-ils, de « rester à votre disposition. La jeunesse vous défendra, elle mourra « pour vous. Mais de grâce, prenez un parti. Tous les moyens pé« rissent faute de direction. Le courage s'épuise. Sur certains « points nous sommes vainqueurs, sur d'autres vaincus : il n'y a « ni drapeau, ni ralliement, ni unité. N'avons-nous pas aussi mis « notre existence en péril? Le temps presse : chaque instant de re« tard est une source d'affreux malheurs! Ah! messieurs, venez au « secours de la patrie; ne la laissez pas ainsi échevelée et saignante, « vous qu'elle honore, vous qu'elle aime.... Songez à l'affreuse « responsabilité d'un tel abandon....

Ce discours est suivi de marques très vives de sensation de la part de certains membres.....

M. Villemain. Messieurs, nous sommes ici trop peu pour signer cette protestation, et Charles X, dès qu'il le pourrait, n'hésiterait pas à faire tomber nos têtes.

M. Audra, vivement. Jusqu'à présent nous avons sacrifié la notre, monsieur, sans songer à ce que feraient messieurs les députés; il est bien temps qu'ils risquent la leur.

M. Villemain. Mais au moins il faudrait attendre trois ou quatre jours pour qu'il y ait plus de députés présens à Paris.

M. Audra, avec colère. Il est vrai que d'ici là vous pourrez, de votre croisée, voir massacrer encore le peuple Non, messieurs, non; il n'y a plus à attendre, il faut se prononcer sur-le-champ, ou bien nous verrons, nous, ce que nous aurons à faire sans messieurs les députés.

M. Sébastiani se tournant vers M. Bertin de Vaux. Venez-vous, monsieur Bertin? — M. Bertin, en soupirant. Allons, je veux bien.

Un député, à M. Sébastiani. Ah! monsieur, quel brusque départ dans ces circonstances! Si les intérêts de la patrie vous sont étrangers, songez au moins aux vôtres. Votre présence dans nos réunions a suffi pour vous compromettre...

M. Sébastiani. Monsieur, chacun doit savoir ce qu'il a à faire; que chacun songe à son salut comme il l'entendra; je crois que personne n'a le droit de se mêler de ma conduite.

Il sort avec M. Bertin de Vaux. — Quelques autres députés sortent ensuite...

Quelques momens après, un domestique entre et vient demander M. Gérard *de la part de MM. Sebastiani.* — M. Gérard prend son chapeau et s'en va.

Il ne restait plus que 8 ou 9 députés. — M. Bérard lui-même parlait avec douleur d'une telle conduite. Bientôt on vint annoncer que l'Hôtel-de-Ville avait été repris, mais que les cadavres jonchaient la place de Grève, les quais, les ponts...

M. Mauguin, avec un accent de reproche: Au moins elle a du dévoûment cette armée qui combat ainsi *sans généraux!*

M. Barbaroux. Et l'on parlait encore d'attendre trois ou quatre jours!..

M. *Guizot* prend alors la parole, et pour concilier les *craintes légitimes* de M. Villemain et la *juste impatience* de ces messieurs, il propose d'ajouter aux noms des membres présens ceux des députés dont on connaissait l'opinion énergiquement libérale.

Un débat s'engage sur ce point, et M. Laffitte le termine par ces mots:

Adoptons ce parti. Si nous sommes vaincus, ils démentiront et prouverons que nous étions seulement huit; si nous sommes vainqueurs, soyez tranquilles, il y aura émulation pour avoir signé...

Cet avis fut adopté.

La liste imprimée des députés est lue à haute voix, d'abord par M. Bérard, puis par M. Mauguin.

Sur 430, on ne put en trouver que 61. M. Dupin aîné ne fut pas de ce nombre. Il a publié qu'il ne savait pas quelle *main* INVISIBLE avait effacé son nom. Je vais le lui apprendre.

Quand son nom fut prononcé, une espèce de houra s'éleva de toutes parts, et tous les députés et toutes les personnes présentes le repoussèrent en s'écriant : *Oh! celui-là n'est pas député*!! — Il y eut unanimité de mépris. — Telle fut la *main invisible!*

MM. Audra et Barbaroux emportèrent la protestation, qui fut de nouveau corrigée par un autre journaliste.

Les députés convinrent cependant de se trouver ensemble le soir à huit heures.

M. Audry de Puyraveau offrit de nouveau sa maison, elle fut acceptée. — Déjà depuis le matin ce député plein de patriotisme et de courage avait fait écrire dans ses bureaux plusieurs placards où il nommait le général Lafayette commandant en chef de toutes les forces militaires, M. Delaborde chef d'état-major, et lui-même premier aide-de-camp.

Il entendit qu'on proposait à M. Sébastiani de se mettre à la tête du mouvement, et celui-ci fesait la réponse la moins digne d'un homme de guerre : « Eh, bien ! s'écria M. Audry, si vous ne voulez pas « vous mêler à ces braves citoyens, je me mettrai à leur tête, moi qui « ne suis pas général. » Et se revêtant hardiment du costume de député, il se rend chez M. Lafayette pour lui dire les *nominations* qu'il venait de faire et le prier de les ratifier.

A huit heures du soir, dix ou douze députés étaient réunis chez lui. On y vit avec surprise M. Sébastiani. Un grand nombre de citoyens se trouvaient dans la cour. La chaleur était étouffante. La salle où se réunissaient les députés était au rez-de-chaussée; les fenêtres restant ouvertes, on put facilement tout entendre.

M. de Laborde, avec un accent entraînant, propose, en sa qualité de député de Paris, que dès le lendemain les députés, avec leur costume ou en habit de gardes nationaux, se présentent au peuple et se mettent à la tête de l'insurrection.

M. Sébastiani, vivement. Mais encore une fois, messieurs, nous ne sommes ici que des citoyens réunis par l'amour de l'ordre et dans le but seulement de remédier aux malheurs qui *menacent* la capitale......... Nous sommes réunis pour attendre la réponse que M. le duc de Raguse nous a fait espérer faiblement, il est vrai, mais enfin nous ne devons rien faire qui puisse rompre les négociations, car nous *négocions*, messieurs; nous ne jouons ici qu'un rôle de médiateurs : nous devons donc attendre et nous abstenir. — En cette qualité nous ne pouvons sortir des voies légales, et c'est bien pire encore si vous dites que vous conservez la qualité de députés. — Notre *réunion au contraire n'a rien de blâmable contre le gouvernement*, puisque nous sommes prêts à calmer l'effervescence qui agite la capitale et à obtenir dans ce but quelques concessions du pouvoir. C'est-là notre position toute patriotique et toute légale dont nous ne devons pas nous écarter.

M. MAUGUIN combat avec force cette opinion et conclut ainsi : Je déclare que pour moi je conspire comme conspire le peuple, et je pense que vous qui m'écoutez vous êtes de mon opinion.

M. LAFFITTE. En effet, M. Mauguin a raison. Nous ne pouvons pas nier, monsieur Sébastiani, que nous ne soyions en scission complète avec le gouvernement du roi ; car nous avons déclaré au maréchal que si les ordonnances n'étaient pas retirées, nous nous jetterions, corps et biens, dans le mouvement.

M. BAVOUX. Voici un citoyen qui arrive de l'Hôtel-de-Ville.

Ce citoyen raconte tout ce qui s'est passé. Il fait le tableau le plus vif de l'intrépidité du peuple ; il annonce enfin que le drapeau tricolore est arboré. Mais, ajoute-t-il en terminant, ces troupes peuvent recommencer demain, il nous faut des noms, des ordres, des chefs...

MM. MAUGUIN, LAFFITTE, LAFAYETTE, BAVOUX, CHARDEL, DE LABORDE. Il faut nous constituer à l'Hôtel-de-Ville !

LE CITOYEN. Presque tous les groupes avaient leur drapeau tricolore.

LES MÊMES DÉPUTÉS. Il faut prendre la cocarde tricolore dès demain.

M. SÉBASTIANI, se levant avec précipitation. Y pensez-vous, messieurs? Délibérer sur un changement de couleur! Ne pas reconnaître celle du gouvernement, mais c'est aggraver notre position. Je déclare que si la discussion continuait sur de pareilles matières, je me retirerais sur-le-champ.

UNE VOIX à l'extérieur : Eh bien ! va-t'en !

Profitons, croyez-moi, de la position où nous sommes pour faire le bien, et ne compromettons pas cette position qui est toute légale, quoi qu'en dise M. Mauguin.

M. MÉCHIN. Je suis entièrement de l'avis de M. de Sébastiani. Notre mandat est la légalité, notre rôle, celui de médiateurs... Mais il est tard, messieurs, et nous devrions nous aller coucher (En effet, il était près de minuit).

MM. Guizot et Gérard, qui étaient restés dans un coin avec le chapeau sur les yeux et sans dire un mot.... Oui, oui.—Il est tard, retirons-nous....

M. LAFFITTE. Quoi, messieurs, encore sans rien décider! sans fixer même de rendez-vous pour demain.... Toutes ces tergiversations doivent avoir un terme, et dans des circonstances aussi impérieuses...

MM. MÉCHIN ET SÉBASTIANI en s'en allant. Eh bien, demain à MIDI !

LE CITOYEN. Quoi! messieurs, avant cette heure-là peut-être tout sera fini !

M. SÉBASTIANI. Eh bien !

LE CITOYEN : Eh bien! vainqueurs ou vaincus, nous saurons également nous passer de vous...

M. Sébastiani hausse les épaules et s'en va avec un ou deux autres députés.

M. LAFAYETTE. J'ai entendu avec surprise et douleur le langage de M. Sébastiani. Dans les conjonctures où nous sommes, il est de notre honneur et de notre dignité de concourir avec tous nos concitoyens à la conquête de la liberté. Depuis deux jours ils exposent leur vie devant des balles et du canon, et nous, nous marchandons même pour donner des ordres ! Messieurs, je suis venu au milieu de vous pour vour prier de m'assigner un poste, je m'y transporterai de suite, *dès ce soir même !*

A l'extérieur : Bravo ! Bravo ! Vive Lafayette !

M. LAFFITE. Quoique nous ne soyons plus que cinq, nous pourrions prendre, à la rigueur, une détermination personnelle, mais nous aurions l'air de nous séparer violemment de nos collègues.... Demain matin... ou plutôt ce matin à six heures, chez moi...

M. AUDRY DE PUYRAVEAU. Et prenons des fusils et montrons-nous, au lieu de perdre des paroles comme nous l'avons fait tous aujourd'hui.

MM. LAFFITTE et MAUGUIN tendent la main à M. de Puyraveau. Mon cher collègue, nous serons avec vous!

M. LAFAYETTE. Allons, messieurs, que j'aime ce langage ! Demain, relevons glorieusement notre drapeau tricolore ou mourons avec nos braves concitoyens....

Les autres députés serrent avec effusion la main du général... Ils se séparent... Il était tard...

29 JUILLET 1830.

Si la nuit est le repos, le 28 juillet n'en eut point... Le combat avait cessé, c'était le moment du travail aux barricades.... Quel témoin pourra l'oublier jamais ! Tout ce peuple si plein d'ardeur; ouvriers, artisans, jeunes hommes de toutes les classes, unis, confondus, n'ayant qu'une bourse ou n'en ayant pas, mangeant du pain et buvant le vin fort trempé que donnait par patriotisme un honnête marchand dont la maison était la seule table commune. — Tout le monde travaillait... et de quel cœur !

Deux seulement fesaient sentinelle... Les *qui vive !* se succédaient rapidement, et la réponse était quelquefois bien triste. Tantôt un blessé qu'on rapportait à bras ou sur un brancard. Alors les questions devenaient pressantes. Où a-t-il été frappé ? Qu'a-t-on fait ? et quelqu'un de l'escorte racontait ce qu'il avait vu, le courage du peuple, la démoralisation des soldats. Ainsi l'on sut que plusieurs officiers de la ligne avaient refusé de faire feu ; que le peuple était installé à l'Hôtel-de-Ville; que les barricades commencées dans tous les quartiers rendraient le lendemain tout mouvement de troupes à peu près impossible. On avait pris beaucoup d'armes, on indiquait des maisons où l'on pourrait trouver de la poudre. Mais il y avait beaucoup de morts et de blessés..... *A demain la vengeance*! disaient les jeunes gens. *Demain il fera chaud*, répondaient les ouvriers. On continua les barricades. La nuit se passa dans ces dispositions. Jamais le ciel n'avait été si transparent....Jamais le peuple n'avait été si beau !

Sur les une heure du matin, il y eut une alarme dans le voisinage de la place Cadet. Un groupe de cinq à six hommes non armés, et qui semblait marcher difficilement, s'approchait peu à peu d'une barricade....

La sentinelle se mit à crier : Alte-là ! caporal, viens reconnaître... Le caporal, c'était un ouvrier : « Vous allez venir au poste, vous « autres clampins, et vous nous direz ce que vous avez à faire à vous promener si tard. »

Le groupe marche vers le poste... Là, on examine chacun de ces inconnus : un homme d'un certain âge, figure vénérable cependant et devant lequel il avait fallu ébrécher deux ou trois barricades; puis trois autres personnes qui semblaient à ses ordres, comme des aides-de-camp. — Tout cela parut fort suspect au commandant qui interpella vivement ce vieillard....

Celui-ci lui répondit : « Mon capitaine, vous me voyez ému jus-« qu'au fond du cœur du spectacle dont vous me rendez témoin : « venez m'embrasser et vous saurez que je suis un de vos vieux ca-« marades... »

Le commandant hésitait.... C'est le général Lafayette, dit quelqu'un. Alors tous se précipitent. Tous se jettent dans ses bras....... mais le commandant reprenant tout son sérieux :« Messieurs, dit-« il, aux armes!... » et alors on se mit en bataille ; le général passe le poste en revue... comme dans l'armée la plus régulière !...

Il était deux heures du matin, le général allait rejoindre sa voiture dans la rue Coquenard. Les personnes qui l'accompagnaient étaient MM. Carbonel, Dumoulin et le jeune Lasteyrie.

Au point du jour, le combat avait recommencé. Ce qui restait de postes ennemis fut désarmé. Bientôt la ligne se mit du côté du peuple et fraternisait avec lui. La garde royale et les Suisses tenaient seuls encore. Mais attaqués dans toutes les rues voisines, ils avaient été obligés de céder du terrain et se repliaient vers la cour du Louvre et celle des Tuileries.

Dès le jeudi matin donc, le peuple plein d'espoir volait au combat comme à une victoire à peu près certaine.

Vers neuf heures, je rencontrai M. Casimir Perier s'appuyant à droite et à gauche sur deux personnes qui l'aidaient à franchir les barricades. Une assez grande foule s'était réunie. — Est-ce un blessé?

demandait-on? — Non, c'est un député. — Et qui? — Casimir Perier. — Ah! un bon! répétait le peuple... *Vive Casimir Perier!* Et lui pâle, jaune, abattu, se laissait traîner à la gloire; mais il se déroba bien vîte à cette cordiale ovation.

Entre dix et onze heures, les députés se trouvaient réunis chez M. Laffitte au nombre de 30 ou 40.

M. Bertin de Vaux était revenu, M. Gérard était revenu, M. Villemain était revenu, tant d'autres qui s'en étaient allés la veille étaient revenus. M. Sébastiani avait l'air preste et dégagé. Enfin avait reparu même M. Dupin aîné qui était alors si bien uni d'intention avec M. Laffitte, qu'il accepta de lui l'hospitalité d'un déjeûner presque révolutionnaire.

M. Laffitte prit la présidence de la réunion; il exposa la situation, fit sentir la nécessité de prendre la direction du mouvement, et termina en disant : M. Mauguin a la parole.

M. Mauguin. Messieurs, je ne vous dirai aujourd'hui que ce que je vous disais avant-hier : seulement, j'ai l'espérance de le voir mieux accueilli. La bravoure des Parisiens nous a tracé notre conduite. Il me semble donc que nous devons au plus tôt organiser ce *gouvernement provisoire* que, par un très heureux mensonge, ils ont déjà proclamé depuis hier.

Un député qui était arrivé de la campagne. Quoi, vraiment... sitôt... mais, messieurs... — M. Sébastiani se tourne de son côté. Il n'est question que d'une mesure de sûreté, dit-il en souriant.

En ce moment on appelle M. le général Gérard. C'étaient des citoyens qui arrivaient de l'Hôtel-de-Ville; ils y avaient passé la nuit.

« Général, nous venions pour vous parler à vous ou au général « Lafayette. On nous a dit que celui-ci n'était pas encore ici. — Le « général. Mais il va venir... Si vous vouliez l'attendre. — Oh! « non, général, nous pouvons aussi bien vous dire. L'Hôtel-de- « Ville est nétoyé maintenant : il y vient beaucoup de monde qui « demande : Où est donc le gouvernement provisoire? Et jusqu'à « présent nous avons dit : *On ne passe pas*, bien entendu parce « qu'il n'y a personne... Mais nous venions vous prier d'y venir pour « donner des ordres, faire porter du secours. L'affaire n'est pas en- « core finie, mon général! »

Le général. Je ne suis point du gouvernement provisoire, et je ne sais pourquoi on a répandu ce bruit. Au reste, pour me mettre à la tête du peuple, je n'en ferai rien sans mes collègues. Voyez le général Lafayette...

Il rentra. — Une autre personne lui fit, quelques momens après, de nouvelles instances. Elle obtint la même réponse.

Cependant le général Lafayette arriva, et tendant la main à ceux qui étaient venus : — « Mes amis, je ne demande pas mieux que de « recommencer aujourd'hui ce que j'ai fait en 89. Votre courage

« ne m'étonne pas, mais il me touche et m'anime. Je vais en dire « deux mots à mes collègues et je suis à vous. »

Il fut décidé entre les députés que le général Lafayette aurait le commandement de toutes les forces militaires, et M. le général Gérard celui des opérations actives. On nomma ensuite une commission municipale chargée de veiller aux affaires générales. Elle se composa de MM. Mauguin, Laffitte, de Schonen, Audry de Puyraveau, Lobau et Casimir Perier.

Depuis plus d'une heure le Louvre était emporté, les Tuileries prises, et le peuple, comme pour mieux exprimer sa pensée, avait placé sur le trône de Charles X un cadavre.

MM. les généraux Lafayette et Gérard se promenèrent sur les boulevarts avec leur costume militaire. Les acclamations du peuple étaient unanimes; c'étaient celles d'une nation se relevant à ses propres yeux, d'un esclave qui a rompu ses chaînes; c'était tout l'enivrement de la victoire.

Un peu plus tard, la commission alla s'installer à l'Hôtel-de-Ville. Une députation y arriva bientôt : elle se composait de MM. d'Argout, de Sémonville et de Vitrolles.

Le sang avait coulé, la mitraillade était finie, Marmont en retraite... Que venaient donc faire ces messieurs? — Ils venaient parler à la commission *dans l'intérêt du roi Charles X et de son auguste famille.*

Ces messieurs, parlant au nom de Charles X, annoncent que les ordonnances sont retirées et qu'un nouveau ministère est formé : « Ministère dont vos amis font partie, ajoutent-ils : M. Casimir « Perier est aux finances, M. Gérard à la guerre. »

M. Audry de Puyraveau : Le peuple a fait entendre toute la journée ce cri : A bas les Bourbons ! Nous n'avons pas autre chose à vous dire. — Il est trop tard ! ajoute M. Mauguin.

M. Casimir Perier était présent : il ne répondit pas un mot. L'altération de ses traits était visible lorsque ses collègues se prononcèrent avec autant de force.

Ces messieurs ayant été si mal accueillis à l'Hôtel-de-Ville espérèrent mieux des députés réunis chez M. Laffitte. — Ils résolurent de s'y rendre. — Cependant M. de Sémonville, fatigué, se retira; M. de Vitrolles, pour une autre cause, ne put aller trouver ces messieurs; M. d'Argout, le plus zélé comme le plus fidèle des serviteurs du roi son maître, se présenta seul. Il était dix heures et demie.

M. d'Argout. Je viens, messieurs, au nom du roi Charles X, vous faire connaître qu'il *s'est empressé* de retirer les ordonnances qui ont causé tout le *désordre* dont Paris vient d'être le témoin. Il a également changé le ministère et il en a choisi les membres parmi les hommes les plus agréables à l'opinion publique. — Je pense, messieurs, que vous voudrez bien user de votre influence sur la population pour faire cesser tous les troubles et rétablir les choses dans l'état où la violation de la Charte les avait laissées. — Je vous prie, messieurs, de vouloir bien me faire une réponse. J'ai l'honneur de vous prévenir que je suis obligé de la rapporter à Charles X.

M. LAFFITTE, président. Monsieur, nous avons fait les premiers toutes les démarches qui étaient dans notre devoir. — Hier, nous nous sommes présentés à l'état-major, pour demander qu'on fit cesser le feu. Nous n'avons obtenu aucune concession. — On a voulu vider la querelle par les armes,... La querelle est vidée. La victoire nous reste... Les événemens de la journée ont changé la face de la question. Désormais il n'y a plus de Charles X roi de France; il n'y a plus d'ordonnances en son nom, et puisque vous êtes chargé, monsieur, de lui faire connaître notre réponse, elle se borne à un mot : IL N'EST PLUS TEMPS !

M. D'ARGOUT. Cependant, messieurs, dans l'ordre constitutionnel, les fautes doivent être attribuées aux ministres. Le roi a pu être trompé.....

M. LAFFITTE, se tournant vers les autres députés. Vous pensez sans doute, messieurs, qu'il est inutile que monsieur insiste. —

M. d'Argout se lève et se retire. —

Bientôt on annonce M. Forbin-Janson, beau-frère de M. de Mortemart. — Il annonce que le nouveau président du conseil, nommé par Charles X, n'a pu pénétrer dans Paris où la police se fesait si bien dans ces jours où il n'y avait pas de police. Il a été obligé de s'arrêter à Auteuil, et il fait prier messieurs les députés de lui envoyer un sauf-conduit pour qu'il puisse se rendre auprès d'eux.

M. Sébastiani, alors avec un grand empressement, sort du salon, et s'adressant d'une voix haute aux gens de M. Laffitte: « *Deux hommes de bonne volonté pour accompagner monsieur.* »

M. Forbin-Janson part ainsi escorté jusqu'à la barrière de la Conférence.

Il fut convenu entre les députés qu'on attendrait M. de Mortemart jusqu'à une heure du matin.

Mais plusieurs députés se retirèrent à minuit. —

M. Laffitte resta seul chargé de prendre telle détermination qu'il jugerait convenable, sauf le suffrage de ses collègues.

M. de Mortemart ne vint pas.

30 ET 31 JUILLET 1830.

Le peuple fit sa révolution en trois jours : il se reposa le quatrième. — La cour alors, c'était l'Hôtel-de-Ville, les gardes, des hommes aux bras nus, quelques bourgeois avec l'habit licencié, et toute l'Ecole polytechnique. — La place de Grève se garnissait de canons; des postes s'organisaient dans tous les points importans; des gouverneurs s'improvisaient au Louvre, aux Tuileries; en d'autres endroits, on continuait l'œuvre pieuse commencée la veille.... On creusait de larges fosses, et l'on enterrait les morts...

Dans l'intérieur de l'Hôtel-de-Ville, un gouvernement. — D'abord la grande salle appelée du trône, où le peuple entrait confusément. La tenture fleurdelisée avait été déchirée du haut en bas; un buste de Louis XVIII avait été renversé, celui de Charles X mis en morceaux. A gauche de cette vaste salle, deux pièces où se tenait la commission municipale; à droite un assez grand salon pour le colonel Zimmer, chef d'état-major, plus loin le général Lafayette et ses aides-de-camp. M. Delaborde, en qualité de préfet de Paris, occupait un appartement voisin de celui du général.

Ici, quel tableau à faire que celui de ce mouvement perpétuel de l'Hôtel-de-Ville! Quels hommes y sont venus! Quelles pétitions y sont arrivées!!.... Intrigue! Intrigue!.... Mais je n'écris pas l'histoire complète de ces jours; j'ai surtout à cœur de mettre en relief la conduite des députés.

A vrai dire, le général Lafayette et ceux qui agissaient en son nom étaient le seul gouvernement réel: cette voix était le levier qui soulevait la population; là venaient les nouvelles, là, se présentaient les députations; mais le général, il faut le dire, montrait une trop facile condescendance pour ses collègues... Les représentations cependant ne lui manquèrent pas, et s'il vint des députés de Charles X, il vint aussi des députés des barricades, braves amis, camarades du peuple, à peine reposés des fatigues des trois jours, et qui apportaient d'une voix si franche et d'un cœur si noble le vœu de cette *canaille héroïque* à laquelle ils s'étaient mêlés. Ils savaient, eux aussi, toute la lâcheté de ces députés; ils craignaient leur adresse après la victoire.... Ils parlèrent haut, ils avaient l'arme au poing; on les ménagea, on leur fit des promesses.

Et qui pourrait leur reprocher d'avoir placé toute leur confiance dans le général Lafayette?...

Ici la vérité pour tous. M. Laffitte, dont le duc d'Orléans reçut plus d'un message, avait adroitement soutiré toute la force morale du gouvernement. A dix heures, le vendredi, on se réunit encore chez lui. Presque tous les députés s'y trouvèrent: on y vit même des figures étranges pour un cas de révolution. Mais le combat était fini; il ne s'agissait plus que de piller la victoire.

Alors pour la première fois parut M. de Broglie.... Des colloques animés s'établirent... Que fera-t-on? La jeunesse est bien montée... On parle beaucoup de la république. Messieurs, il n'y a qu'un moyen de l'éviter, dit M. Laffitte, c'est de proclamer le duc d'Orléans.

Ce nom, lancé pour la première fois, fut diversement accueilli. Mais le parti était fort; il eut plusieurs organes, on insista. On ramena une ou deux personnes mal disposées. Cependant rien ne paraissait décidé. Les tergiversations étaient nombreuses : M. Dupin aîné avait retrouvé toute l'énergie de son éloquence et toute l'autorité de son mandat ; il plaida vivement pour le prince, dont il était le conseiller. Il offrit d'aller à Neuilly à pied.

Comme la conversation devenait très vive, messieurs, dit M. Laffitte, nous délibérons ici mal à notre aise. Puisqu'il est question de constituer un gouvernement, prenons notre place, allons à la chambre.

M. de Bondy, questeur. Je vais tout de suite faire arranger la salle : elle sera prête dans une heure.

Plusieurs députés On pourrait y donner rendez-vous à M. de Mortemart.

M. Laffitte. Il n'y a pas d'inconvénient.

En attendant, le parti d'Orléans redoubla d'efforts.

Depuis long-temps, en effet, il était organisé. Ce n'est aujourd'hui un secret pour personne : *Le National*, non tel qu'il est à cette heure dans les mains de M. Armand Carrel, mais tel qu'il était sous MM. Thiers et Mignet, servait d'organe à ce parti. M. de Talleyrand fut son patron le plus chaud. Il gagnait son ambassade. C'est du *National* que partit la première proclamation pour le duc d'Orléans; c'est au *National* que s'imprimèrent de nombreux placards en sa faveur. Les habiles avaient la main prompte, des moyens puissans, une popularité qui leur prêtait de la force. Leur but était marqué, leur homme tout prêt... La couronne de France fut escamotée.

Ce fut M. Laffitte surtout qui fit jouer tous les ressorts.

Dès le matin à six heures, MM. Thiers, Mignet, Larréguy et un quatrième journaliste s'étaient rendus chez lui, et là, *sans avoir pris l'avis des députés*, délibérant et agissant seul, M. Laffitte arrêta qu'il fallait placer le duc d'Orléans sur le trône, après lui avoir demandé des garanties. « Il faut rédiger tout de suite quelque chose là-dessus. » M. Thiers passe alors dans le salon voisin et il écrit rapidement quelques lignes sous forme de proclamation. — Tiens, dit-il ensuite à Mignet, mets-moi cela en français pour que ce puisse être imprimé sur-le-champ. — M. Laffitte. Bien. Mais il faudrait avoir toute la presse. (A M. Larréguy) : Vous voilà, vous, pour le *Journal du Commerce*. — Larréguy. Oui, et je tâcherai bien d'insinuer quelque chose au *Constitutionnel*.

M. Laffitte à M. *Mignet*. Il faudrait avoir aussi le *Courrier*.

M. Thiers interrompant. Je m'en charge ; je m'en vais voir Chatelain. Il est dur un peu ; mais je tâcherai de le tourner. Il ne serait même pas mauvais de faire mettre, sur une grande quantité de proclamations, ces mots : *De l'imprimerie du gouvernement*. Le peuple alors croira que la chose est faite.

Ces messieurs sortirent au moment où arrivaient les députés.

Une assemblée de citoyens courageux et d'électeurs libéraux se tenait chez Lointier. M. Larreguy s'y rendit d'après l'invitation de M. Laffitte, et il parla du duc d'Orléans. (Mouvement en sens divers.)

Plusieurs personnes, parmi lesquelles M. Cadet de Gassicourt, se rallièrent à eux, mais en exigeant les plus fortes garanties.

M. Hubert. Messieurs, nous n'avons ni les uns, ni les autres, mission pour constituer quoi que ce soit. Le peuple seul a vaincu; le peuple doit être consulté. Et pour lui proposer même un parti provisoire, j'avoue que dans mon opinion, il n'y en a pas de plus mauvais que celui-ci.

M. Isambert. En exigeant toutes les garanties desirables, nous devons fort peu tenir aux noms propres : et celui du duc d'Orléans me paraîtrait tout aussi bon qu'un autre!... Mais il faudrait commencer par demander qu'on proclamât la déclaration de la chambre de 1815. Par ce moyen toute la plaie de la restauration disparaît; notre indépendance est proclamée, nos frontières naturelles reconquises; nous rattachons le présent au passé, et notre affranchissement de l'Europe date de la même époque que la conquête de nos droits...

Plusieurs voix. Bien! bien... Il faut l'exiger... On en parla à M. Laffitte. Il goûta cette idée, mais le temps pressait.

A la chambre, on n'entendit d'abord que des discours oiseux, des conversations embarrassées... On passait de l'un à l'autre... Ici, c'était le duc d'Orléans... Là, Henri V... Ailleurs, le duc d'Angoulême *avec des concessions*...

Mais les dispositions générales étaient manifestement en faveur de la famille de Charles X. On attendait M. de Mortemart... Il ne vint pas.

Mais M. Collin de Sussy vint à sa place. Après avoir été fort mal reçu à l'Hôtel-de-Ville, il vint apporter à M. Laffitte les ordonnances de Charles X sur le nouveau ministère, et il insistait pour qu'il les fît *remettre* aux ministres nommés.

M. Laffitte, impatienté de ses instances, lui dit brusquement. — Monsieur, je ne suis pas la petite poste de Charles X.

M. Sébastiani, au contraire, en apprenant qu'on avait arboré le drapeau national, répondit : *Il n'y a de national aujourd'hui que le drapeau blanc.*

M. Gérard, autre général de l'empire, ne montre pas plus de religion pour les trois couleurs; car le premier usage qu'il fit de son commandement, ce fut d'envoyer le lieutenant-général Roguet dans toutes les casernes pour dire aux colonels DE CONSERVER ET FAIRE GARDER LA COCARDE BLANCHE jusqu'à ce qu'ils eussent reçu de nouveaux ordres.

Et M. Perier, que fesait-il? Dès le jeudi, il s'était mis en relation avec la cour. Il négociait visiblement pour elle. L'homme qui servait d'intermédiaire, je veux le nommer, car toute feinte est désormais inutile, c'était M. Girardin le grand veneur. Plusieurs messages furent échangés tout le jeudi soir, toute la journée du vendredi et une partie de celle du samedi.

J'ignore le reste. Mais ce que je sais bien, c'est que dans l'une de ces journées deux hommes vinrent à l'Hôtel-de-Ville annoncer qu'ils avaient vu M. Casimir Perier dans un cabriolet, se dirigeant vers Saint-Cloud. — Un membre de la commission répondit : « Ce « n'est pas possible ! ce serait une trahison. » Un de ces mêmes hommes passa dans le salon de l'état-major, et rapporta le même fait. Là se trouvaient de jeunes hommes qui prirent la chose au sérieux, et l'ordre fut donné sur-le-champ D'ARRÊTER M. CASIMIR PERIER ET DE LE CONDUIRE A L'HÔTEL-DE-VILLE.

Le coupable qui dicta l'ordre et le fit signer est celui-là même qui écrit ces lignes.

M. *Casimir Perier* est aujourd'hui en position de lui rendre ce procédé. — Chacun son tour,

Un mandat d'amener à l'Hôtel de-Ville fut aussi lancé contre un autre député, M. Arthur de Labourdonnaye, qu'on avait rencontré le soir assez tard vaquant dans la campagne du côté de Montrouge. M. Laffitte mit au bas de l'ordre une réclamation presque sévère sur l'*inviolabilité* des députés. Et l'on venait de chasser Charles X ! M. Laffitte déjà sentait sa force. Il joua serré, il joua bien, il gagna la partie. Mais il y a ruiné sa maison.... et il n'a semé que l'ingratitude..... Paix !

M. Casimir Perier et tous ceux qui négociaient pour Charles X perdirent donc leur temps et leurs peines. Le peuple était intraitable sur ce point.

Cependant, il ne se montrait guère plus favorable au duc d'Orléans. Le samedi, quand parurent les proclamations, le peuple les déchirait, et les postes armés arrêtaient et maltraitaient ceux qui essayaient de les répandre. Le mot de *Bourbons* excitait surtout la colère !...

L'agitation devenait grave : la commission dût faire elle-même une proclamation. Elle commençait par ces mots :

CHARLES X A CESSÉ DE RÉGNER.

M. Casimir Perier refusa de la signer. Il fit plus, il se rendit à l'imprimerie *du gouvernement* (le mot *royale* était effacé partout), et il attendit que l'impression fût achevée pour se bien assurer que son nom n'y était pas. — Le même soir, il se rendit au bureau du *Moniteur* et défendit expressément qu'on mît sa signature au bas de cette proclamation.

Ces faits en disent-ils assez ?

Quant à M. Laffitte, il avait remporté la victoire : le duc d'Orléans était au Palais-Royal : l'adresse des députés avait été faite. Quoique pouvant à peine marcher, quoique ayant la jambe foulée, enveloppée de linges. M. Laffitte se présente à la tête de ses collègues, et, après avoir lu sa harangue officielle, il dit à voix basse à son correspondant des nuits précédentes :

« Monseigneur, ce que je tiens à ma main est bien beau. C'est « une couronne ! Cependant, ne regardez pas à mes pieds (sa jambe « était à moitié nue) je ne vous dirai pas que c'est un sans-culotte « qui vous l'offre : mais cela pourtant y ressemble un peu... »

Le duc d'Orléans trouva le mot charmant et le répéta. Il ne cessait de dire au reste : « Je suis républicain, je l'ai toujours été... » Il partit bientôt pour aller à l'Hôtel-de-Ville, se montrer au peuple et se faire reconnaître par le général Lafayette.

Le trajet ne se fit pas sans quelque difficulté. Le duc étant républicain dut être content, car le cri de : *Vive la république! Vive Lafayette*! lui arrivaient de tous côtés. Cependant on cria aussi *Vive le duc d'Orléans !* C'étaient des voix bien enrouées....

Au perron de l'Hôtel-de-Ville le duc d'Orléans donna son bras à M. Laffitte; il prit celui du général Lafayette qui l'embrassa, et sous cette double protection il monta jusqu'à la grande salle, où il fut proclamé lieutenant-général.

Ce fut alors qu'en lui montrant la place de Grêve couverte d'hommes armés et de canons, tachée de sang et gardée par des barricades, le général Dubourg lui dit : « MONSEIGNEUR, VOUS CONNAISSEZ NOS BESOINS ET NOS DROITS, SI VOUS LES OUBLIEZ, NOUS VOUS LES RAPPELLERONS. »

Paris. — Imprimerie de AUGUSTE MIE, rue Joquelet, n° 9.

PROGRAMME.

PROGRAMME

DE

L'HOTEL-DE-VILLE,

OU RÉCIT DE CE QUI S'EST PASSÉ

DEPUIS

LE 31 JUILLET JUSQU'AU 6 AOUT 1830.

EXTRAIT

DE LA TRIBUNE POLITIQUE ET LITTÉRAIRE

ARTICLE DU 7 AVRIL 1831,

NON DÉMENTI PAR LE GOUVERNEMENT.

PARIS,

ROUANET, LIBRAIRE-ÉDITEUR,

RUE VERDELET, N° 6.

1831

AVIS.

Je crois faire plaisir au public en publiant le *Programme de l'Hôtel-de-Ville*, renié à la Chambre des Députés par ceux qui ne se trouvaient pas au moment du danger, et qui maintenant l'exploitent à leur gré.

Puisque le pouvoir a gardé le silence depuis qu'un journal en a fait la publication le premier, et que les autres en ont fait l'extrait plus ou moins abrégé, le public, dis-je, ne peut douter de son authenticité. Je le publie donc en son entier après avoir pris l'assentiment de MM. les Rédacteurs du journal *la Tribune politique et littéraire*, qui ont bien voulu m'y autoriser.

Au moment où les colléges électoraux vont s'ouvrir, il importe que chaque électeur puisse connaître quelles sont les promesses qu'on avait faites aux vainqueurs de juillet, et par quelles adroites déceptions on leur a fait déposer les armes.

Heureux si je puis, par cette publication, contribuer à éclairer l'opinion et à montrer clairement de quel côté se trouve la franchise, la loyauté, la bonne foi.

ROUANET.

PROGRAMME

DE

L'HOTEL-DE-VILLE.

(EXTRAIT DE LA TRIBUNE.)

Ce que je vais dire est de l'histoire. D'autres pourraient la faire mieux que moi : placé en sous-ordre, et acteur secondaire, j'assistais au drame dont ils étaient les principaux acteurs.

Mais ceux-là se taisent. Les convenances de position sociale imposent souvent, même au patriotisme le plus éprouvé, une réserve que la franchise déplore sans pouvoir la blâmer.

Ces convenances je les respecte : elles répandent dans les relations une urbanité douce et liante, et je conçois qu'on éprouve une grande peine à s'en affranchir ; cependant c'est un devoir de les sacrifier toutes les fois que la chose publique l'exige ; car bien souvent, à l'ombre de ces politesses de convention, les motifs réels des actions publiques sont ignorés ; l'indignation que tout le monde comprendrait passe pour une boutade de cervelle exaltée ; et tel qui porte le poids d'une exagération dont on s'éloigne, serait jugé peut-être comme modéré si l'on savait bien toutes les raisons qui donnent à son opposition le caractère de vivacité qu'on lui reproche.

Prenons un exemple tout récent : Vous avez vu comment M. Casimir-Perier, à l'occasion de l'insurrection italienne, a interpellé M. Lafayette avec son emportement accoutumé : *Qui a promis, est-ce vous ou nous ? Il faut en finir !...*

Le général Lafayette, dont le calme toujours poli contraste d'une manière si tranchée avec la colère pétulente de M. le président du conseil, répondit simplement qu'il ne lui appartenait pas de révéler *des conversations* CONFIDENTIELLES ; et il se contenta de relever les promesses solennelles de la non-intervention.

Mais qu'aurait dit M. Perier? qu'auraient pensé la France et la chambre, si un député, s'adressant au banc des ministres, s'était écrié:

« Oui, il y a parmi vous un homme qui, AVANT LA RÉVOLUTION « ITALIENNE, a été consulté sur l'attitude que prendrait le gouvernement, dans le cas où un mouvement insurrectionnel éclaterait en Italie; et cet homme, bien loin de repousser « ce mouvement, *l'a encouragé*. Cet homme a laissé entendre « qu'il ne serait pas désagréable au ministère français que l'insurrection chassât de ses états le petit duc de Modène pour « lui apprendre qu'il peut en coûter quelque chose de se refuser à reconnaître le roi Louis-Philippe. Et cela n'a pas eu lieu « seulement une fois, mais plusieurs fois; pas dans une conversation, mais dans plusieurs conversations; et cet homme, « *c'est le ministre des affaires étrangères*, *c'est* M. SÉBASTIANI « qui siége toujours au conseil, dont vous, M. Casimir Perier, » vous avez adopté la politique, puisque vous le conservez, « dont vous êtes par conséquent devenu solidaire. Oui, c'est à « l'ombre de ces paroles d'encouragement, à l'ombre de ces *conversations confidentielles*, que les patriotes italiens se sont insurgés; c'est là ce qui avait redoublé leurs espérances; c'est « donc vous, en quelque sorte, qui les avez soulevés, et c'est « vous qui les laissez pendre, égorger, massacrer par les Autrichiens. »

Assurément si l'on avait franchement exposé tous les faits en tenant ce langage, la nation aurait mieux compris tout ce qu'il doit y avoir de noble indignation dans toutes les âmes généreuses!.... Car c'est du même conseil que sont parties les instructions cruelles données à M. de Saint-Aulaire, et les demi-confidences dont on a usé pour augmenter le courage des insurgés.

Mais ces faits, bien peu de personnes les connaissent. Aujourd'hui encore, c'est presque en tremblant que nous les publions, car il est si facile de démentir, si facile de nier ce dont il ne reste aucune trace! Mais alors, forts de notre conviction et de la certitude morale qui nous presse, nous invoquerions un témoignage tout puissant, et nous demanderions à la face de la France que les CONVERSATIONS CONFIDENTIELLES fussent expliquées.

Ce fait, relatif à la politique extérieure, paraîtra sans doute assez important; mais il y a une autre chose sur laquelle la curiosité publique attend depuis bien long-tems des détails précis...

C'EST LE PROGRAMME DE L'HOTEL-DE-VILLE !

Placé heureusement aux jours de juillet non loin du général Lafayette, j'ai été à portée de voir et d'entendre...

Je vais donc rapporter fidèlement ce qui s'est passé :

M. Viennet a lu à la tribune la déclaration des députés, lorsqu'ils appelèrent le duc d'Orléans à la lieutenance générale du royaume. Autre chose est cette déclaration, autre chose est le programme !... Ce n'est donc pas là ce dont il s'agit.

Il faut bien qu'on me pardonne de raconter exactement ce qui eut lieu ; je le fais sans passion ; je ne suis dans cette cause ni juge, ni avocat, je suis *témoin*.

La première fois que le nom du duc d'Orléans fut prononcé à l'Hôtel-de-Ville, il y fut accueilli plus que froidement par la plus grande partie des citoyens qui s'étaient battus, et par ceux dont les frères et les amis étaient morts dans les trois journées. Un aide-de-camp, placé aujourd'hui encore près du roi, et qui venait observer ce qui se passait dans les diverses salles de l'Hôtel-de-Ville, s'aperçut aisément de l'opposition que ce nom rencontrait. On n'alléguait rien de personnel contre ce prince, mais il appartenait à une famille contre laquelle s'élevaient les cadavres qui couvraient encore nos places, et d'odieux souvenirs d'invasion. L'exaltation du combat et les espérances de la victoire contribuaient sans doute à rendre l'irritation plus vive. Ce qu'il y a de certain, c'est qu'elle alla au point qu'au moment même où le duc d'Orléans entra dans la salle du trône, plusieurs jeunes gens versant des larmes s'écrièrent avec force : *Plus de Bourbons!* et tandis que les députés et quelques autres personnes répétaient le cri : *Vive le duc d'Orléans !* ces mêmes jeunes gens répétaient avec plus d'ardeur encore : *Vive Lafayette* ! Le général Dubourg, qui depuis le 29 juillet vivait au milieu de nous, se rendit l'organe des vainqueurs en disant au duc d'Orléans à peu près ces paroles : « *Monseigneur, ce qui vient de se passer vous fait assez connaître nos besoins et nos droits; si vous les oubliez, nous vous les rappellerons.* »

Ces diverses circonstances prouvent qu'il existait à l'Hôtel-de-Ville une forte opposition, non pas parmi les *délibérans*, mais parmi ceux qui pour ainsi dire couverts de sueur et de poussière tenaient encore les armes dont ils avaient frappé les Suisses. Quoi qu'on en prétende aujourd'hui, et on le savait bien alors, ceux-ci avaient la puissance; seuls ils avaient déblayé le terrain et ils croyaient avoir acheté par assez de sang le droit d'élever au moins la voix sur ce qu'on voulait réédifier.

Cependant, on parlait d'un roi, les députés sortaient de leurs retraites, ou arrivaient de leurs campagnes; les habits brodés reparaissaient, et tout semblait nous menacer de retomber dans les mains des intrigans qui profitent depuis si long-tems de tous les changemens de système......

Alors le parti de la victoire sentit la nécessité de demander des garanties. Il annonça qu'il ne reconnaissait aux députés réunis que le *pouvoir de fait* nécessaire pour que quelqu'un prenne l'initiative; des députés patriotes vinrent auprès du général Lafayette; les citoyens qui demeuraient à l'Hôtel-de-Ville se joignirent à eux. On demandait des garanties, on voulait surtout que la forme du gouvernement quelle qu'elle fût demeurât soumise à la *sanction définitive* du peuple. Pour soutenir ces demandes on s'était armé de nouveau, le peuple était prêt à reprendre possession du champ de bataille.

Le général Lafayette, informé de ces mouvemens, rappelle quelques-uns de ces hommes, et leur demande leur parole d'honneur que la tranquillité de Paris ne sera pas troublée pendant quarante-huit heures. Ces citoyens le lui promettent, mais *à la condition* que le lieutenant-général acceptera pour lui et les siens les propositions qu'ils allaient lui présenter.

Alors fut rédigé et présenté le *programme* dont on parle.

Ses principales dispositions étaient les suivantes : 1° La souveraineté nationale reconnue en tête de la constitution comme le dogme fondamental du gouvernement.

2° Point de pairie héréditaire.

3° Renouvellement complet de la magistrature.

4° Loi municipale et communale sur le principe le plus large de l'élection. — Pas de cens d'éligibilité.

5° L'élection appliquée à toutes les magistratures inférieures.

6° Plusieurs autres dispositions touchant les priviléges et les monopoles qui paralysent l'industrie, etc., etc.

7° Tout cela enfin *adopté provisoirement et devant être soumis à la sanction de la nation seule capable de s'imposer le système de gouvernement qui lui conviendra.*

Ce *programme* présenté au général Lafayette fut par lui reçu comme l'expression de ses propres opinions. Il se chargea de le faire connaître au lieutenant-général et il le **RÉSUMA** lui-même en disant qu'il était question d'élever un **TRÔNE POPULAIRE ENTOURÉ D'INSTITUTIONS RÉPUBLICAINES.**

Le général Lafayette partit pour le Palais-Royal et nous attendîmes. Bientôt il fut de retour, et il nous dit avec épanchement : « Que le duc d'Orléans et son fils partageaient toutes « nos opinions, que ce que nous avions proposé était leur « pensée intime, et que nous devions nous empresser de nous « en remettre à eux du soin d'assurer le bonheur de la « France. »

Alors plusieurs d'entre nous partîmes pour divers points de Paris, et nous eûmes quelque peine à ramener le calme.

Quant à moi, j'y réussis peu, et revenant à l'Hôtel-de-Ville, je rencontrai M. M.... qui sortait d'auprès du général Lafayette, et je lui dis que les jeunes gens rassemblés à l'Odéon s'indignaient de la tournure que prenait la délibération à la chambre des députés, et qu'ils étaient résolus à exprimer hautement leurs vœux qui tendaient tous à ce que *la nation seule décidât* ce qu'elle voudrait.

M. M.... me répondit : le général Lafayette a promis la tranquillité de Paris sur sa parole ; nous lui avons aussi donné la nôtre ; il faudra qu'on passe sur son corps et sur le nôtre avant d'arriver à la chambre.

Cependant parut la proposition de M Bérard ; elle était loin de ce que nous avions demandé et de ce qu'on avait promis. Alors nous vîmes que l'on cherchait à nous tromper. Il n'était pas question même d'une *sanction* de la nation ; les députés votaient, décidaient sans appel : l'usurpation nous parut flagrante, et l'indignation augmenta quand nous apprîmes qu'on allait voter l'hérédité de la pairie dans la nuit.

Ce fut alors qu'un certain nombre de jeunes gens, réunis à la hâte, arrivèrent devant la chambre en criant : A la *trahison* ! Les paroles de M. Labbey de Pompières, de Benjamin-Constant, etc., ne les auraient pas arrêtés ; mais le général Lafayette parut. « Il nous rappela que sur notre *foi* il n'avait pris aucune « mesure pour maintenir la paix publique, et que ce tumulte « compromettait *notre honneur et le sien....* »

Il nous dit aussi qu'il ferait ses efforts pour que quelques-unes des promesses eussent au moins une place dans la Charte... Nous n'obtînmes qu'une chose : c'est que le vote sur l'hérédité de la pairie serait ajourné.

Telle est l'histoire *réelle* de ce qui se passa. Voilà ce qu'était le programme de l'Hôtel-de-Ville dont le général Lafayette a plusieurs fois à la chambre rappelé le *résumé*. Ce fut à cette condition seulement que les vainqueurs sacrifièrent des opinions qui leur étaient chères; mais bien loin de vouloir imposer à qui que ce fût leurs propres desirs, ils ne demandaient qu'une seule chose, c'était que *le peuple redevenu souverain* fût du moins appelé à SANCTIONNER ce que le *pouvoir de fait* viendrait à résoudre. »

Nous avons rappelé cette histoire d'un tems qui semble avoir fui comme un rêve, parce que bon nombre de gens feignent de l'oublier.

Ils se persuadent que le tems efface les vices de forme qui entachent une constitution quelconque à son origine; le tems au contraire les développe et les met en relief. On se croit fort parce que le ciel est calme, et l'on ne s'aperçoit pas qu'au premier souffle populaire, à la première agitation un peu sérieuse des partis, les inquiétudes renaitront plus vives, le mal du *provisoire* qui travaille la société se réveillera plus actif, plus torturant, il redoublera les angoisses, il prolongera la crise de l'industrie, et causera peut-être d'affreux malheurs qu'il eût été si facile d'éviter.

Qu'on y songe bien, tandis qu'il en est tems encore... Il y a une puissance au-dessus de toutes les puissances, une loi qui domine toutes les lois: c'est la *justice*, c'est le *droit* de tous. Tout gouvernement fondé sur le droit est fort, tout autre gouvernement est fragile.

Or, ce droit de tous, réclamé par les vainqueurs de juillet, l'a-t-on observé? l'a-t-on méconnu ?....

Que ceux qui ont lu ce qui précède décident, et qu'ils jugent alors sans prévention de quel côté est la raison, et de quel côté est la justice.

ARMAND M.....

PARIS. — AUGUSTE MIE, IMPRIMEUR,
rue Joquelet, n° 9, place de la Bourse.

www.ingramcontent.com/pod-product-compliance
Ingram Content Group UK Ltd.
Pitfield, Milton Keynes, MK11 3LW, UK
UKHW032018260826
14628UKWH00006B/2551

9 782014 453645